MW01699806

ANGELA
DAVIS

NON

À L'OPPRESSION

"Ceux qui ont dit non"
Une collection dirigée par Murielle Szac.

à mon fils Samuel,
à ma sœur Ariel, à Simon, à Adrien,
à mes ami-e-s,
à mon père, à Anne, Flora et Fernando

Illustration de couverture : François Roca

Éditorial : Isabelle Péhourticq assistée de Fanny Gauvin
Directeur de création : Kamy Pakdel
Directeur artistique : Guillaume Berga
Maquette : Christelle Grossin

Loi 49-956 du 16 juillet 1949 sur les publications destinées à la jeunesse

www.actes-sud-junior.fr
www.ceuxquiontditnon.fr

ELSA SOLAL

ANGELA DAVIS

NON À L'OPPRESSION

ACTES SUD JUNIOR

6 septembre 2016, Calais

Lettre à un jeune homme,

J'ai su très tôt la fragilité de la vie : une chance qui peut nous être retirée en une seconde.

Lorsque j'ai fui la Californie, j'ai vécu dans la terreur d'être arrêtée. J'ai senti la peur remonter d'une nuit profonde et ancienne. J'ai entendu des pas entravés par les chaînes : ils fuient, s'échappent, traqués par des chiens qui hurlent, leurs maîtres aboient ; j'ai senti l'effroi, là, juste derrière moi. C'est la peur basique de tous ceux ou celles pour qui la liberté n'est pas donnée à la naissance. Quand tu vas faire tes papiers d'identité, une boule d'angoisse te noue l'estomac, un oursin accroché dans le ventre. C'est ça dont je voudrais te parler. C'est ce qui te brise aujourd'hui. Tu dis que tu es découragé, dégoûté. Peu importe d'où tu viens, tu es face à un mur, sans force. Pour l'instant, tu marches à reculons, tu saignes. Tu grandis déchaîné, à grands bruits, ta révolte t'entraîne envers et contre tout, surtout contre toi. Tu te tiens plus près de la mort que de ce qui respire. Tu plies, tu te tords. Fort, vulnérable, tu iras un jour, droit, au milieu des hommes, assuré de tes racines, bienheureux.

L'exclusion, l'oppression ne tient pas seulement à la couleur de la peau ou à tes vêtements, ni à ton accent. C'est une économie. Une sélection. Faire travailler à moindre coût. Le racisme vient après l'intérêt, comme la justification mensongère d'une injustice trop insupportable – il vient légitimer l'arbitraire. Tant que tu ne comprendras pas que ce que tu vis est l'aboutissement d'une machinerie élaborée, tu ne pourras pas vivre. Je lis dans tes yeux de quinze ans, ton regard d'enfant devenu adulte trop tôt, un éclair noir de fureur, c'est ça que tu ne dois pas retourner contre toi. J'ai vu cette même couleur dans les yeux de frères, ils versent le désespoir en eux, acceptent le destin que d'autres ont choisi à leur place bien avant leur naissance.

Le poison de la colère rend aveugle. Creuse ton corps et le ronge, une vraie gangrène. Si tu n'apprends pas à la débusquer, à la contrôler, tu ne pourras pas être heureux, ni rendre quiconque heureux. À Birmingham, j'ai vu une élève frapper à mort une de ses copines ; une amie s'entailler le bras avec une lame de rasoir ; une autre attraper la gorge d'une fille, ou lancer une chaise à la tête d'une prof. La rage vous détruit, plus vite qu'un virus. Ce qui blesse le plus, ce n'est pas la violence, ce n'est pas la peur, ni même la faim, la véritable cruauté est de voir jusqu'à quel point nous sommes capables de nous attaquer à nous-mêmes, parce que nous ne savons pas contre qui nous battre, contre quoi. Nous ignorons la cause réelle. Cette haine-là, intériorisée, devient un *serial killer*, elle ne loupe jamais sa proie, les dégâts sont moches. Innombrables.

C'est ça qui brûle tes yeux d'enfant de quinze ans d'une lumière noire que je connais trop.

C'est à toi que je veux raconter cette histoire. Tu dis que tu es sans force, ne retourne pas sur toi tout le mal que tu ressens autour de toi. Ne cède pas. Bats-toi contre ce réflexe qui signerait leur victoire et serait ta défaite.

Été 1949, Birmingham

1. Dynamite Hill

Tu es passé en un jour de l'enfance à l'âge adulte. Moi aussi, d'une certaine manière, j'ai été éjectée de l'enfance trop tôt. J'avais cinq ou six ans. Avec ma sœur et mes amies, Cynthia et Caroline, nous étions en train de jouer. Notre but : arriver à traîner le lourd tuyau qui se trouvait devant la maison jusqu'au petit coin du cabanon derrière et nous arroser. Ce serait très drôle ! Cynthia était vraiment jolie, bien vêtue, une coiffure soignée, coquette, moi j'avais toujours les cheveux en bataille. Elle rechignait à se salir. Alors Caroline et moi nous nous chargions, en cachette des parents, de l'organisation. Caroline faisait le guet. Moi j'avais pour mission de ramener le tuyau. J'avais réussi à m'emparer de l'embout et je le tirais de toutes mes forces pour le dérouler jusqu'au jardinet derrière. Là, personne ne nous verrait.

– Cynthia, vas-y ! Mais ouvre ! Ouvre le robinet ! Bon sang !

J'essayais de chuchoter fort pour ne pas alerter papa.

D'un coup, un vrai torrent gicla en un jet puissant. Nous dansions sous cette cascade. Le soleil laissait une traînée d'étoiles scintillantes surfant sur chaque goutte, un arc-en-ciel apparaissait et retombait en pluie de couleurs sur Caroline. J'oubliais tout, la fraîcheur emportait mes peurs, toute la noirceur dans ma tête, coulait là avec nos éclats de rire – une source claire, vive. Soudain, un bruit terrifiant retentit, un coup de tonnerre sourd, terrible. Une explosion suivie d'un silence. Caroline resta inerte, pétrifiée. Je me tenais immobile, le tuyau d'arrosage dans la main dirigé sur elle, l'eau continuait à s'écouler. Des fracas de voix suivirent, une panique, un vacarme dans lequel nous distinguions les cris de mon père.

– Angela ! Cynthia ! Caroline !

Mon père surgit, son pistolet à la main, celui qu'il cachait dans son tiroir.

– Rentrez vite ! Tout de suite !

– Mais...

– Tout de suite, plus vite !

– Mais je dois arrêter l'eau, dis-je avant d'obéir.

– Rentrez ! Tout de suite à l'intérieur !

On dit des choses absurdes quand on a peur. Je pensais : est ce qu'il y a un lien entre ma bêtise et ce bruit ?

– C'est ma faute, je voulais juste...

Ma mère m'interrompit en arrivant, le visage blême :

– C'est la maison des Johnson, ils n'étaient pas chez eux, heureusement !

Elle ne fit aucune remarque. Nous étions trempées, dégoulinantes, dans le salon. Ma mère ajouta :

– Ce n'est pas de ta faute.

L'incident fut clos. D'autres explosions de maisons de Noirs eurent lieu, souvent. Notre quartier était surnommé "Dynamite Hill". Les quelques familles noires qui avaient pu s'arracher à la pauvreté emménageaient dans ce quartier de Blancs et devaient lutter contre une autre plaie que la misère. Le territoire fut divisé en deux, très vite. Une ligne de démarcation qu'il nous fallait respecter avec extrême vigilance ; le danger était proche, réel. Nos vies en dépendaient.

Mon père surgissant, son revolver à la main, affolé. Caroline en arrêt, trempée, plantée là, pétrifiée sous l'eau. Il y avait plus grave que nos jeux interdits, d'autres priorités que nos récréations d'enfants. Toi qui as dû quitter ton père, ce colosse, tu peux imaginer combien fut féroce mon apprentissage trop précoce.

1958, de Birmingham à New York

2. Partir

Tu ne veux pas parler, tu te refermes, tu te durcis comme un roc, tu serres les dents pour supporter la douleur. Un mur de silence pour te protéger est devenu ta carapace. Je comprends. Ton exil, cette jungle, un camp qui n'a rien d'un refuge. À quatorze ans, au lycée, moi aussi, je ne pouvais formuler ce que je sentais. Un étau m'étranglait. Il n'existe rien de pire que ce silence-là, rien de plus douloureux que de ne pas pouvoir exprimer ce qui fait mal à l'intérieur de ta tête et explose. Les émotions se débattaient dans mon corps, y creusaient une solitude, une nausée : comment exister ? Comment être et qui ?

Une seule issue : fuir la triste routine de Birmingham. Il existait un programme qui offrait aux étudiants noirs des cours dans les écoles du Nord. Je serais pédiatre ! J'ai réussi les deux examens d'entrée. Et j'ai commencé mon évasion, à ma manière : À moi New York ! Même si, à l'intérieur de moi, il y avait deux forces contradictoires, deux dragons : le passé, la peur, et le futur, le nouveau, chaud, lumineux. Une digue maintenait ces deux fleuves tumultueux et empêchait leurs courants puissants de tout faire sauter en moi. Une promesse d'avenir défendait les images tourmentées de l'enfance de s'abattre sur mes terres, prêtes à offrir leurs récoltes. Les études furent ma survie, mon brise-lame.

Au moment des adieux, mon père m'a offert un livre. Ses pages étaient toutes griffonnées de son écriture. Il était triste mais souriait et contenait son émotion :

– Tiens, dit-il, c'est pour toi. Les livres sont faits pour écrire dessus, ils se remplissent de nos pensées et restent ainsi vivants avec nos impressions dans les marges.

Je l'ai pris, certaines pages se détachaient, le papier sentait bon, une odeur de vieille maison. À cet instant j'ai hésité à partir, j'avais le cœur serré. Il m'a fait un signe de la main, comme s'il tenait un stylo invisible et dessinait des lettres dans l'air qui disaient : "Continue, toi, écris !" Il ne pouvait parler, son chagrin aurait éclaté.

– Quoi ? Que veux-tu dire, papa ?

J'avais parfaitement bien compris, mais j'avais trop de peine à le quitter. En prononçant ces mots, je retardais la séparation et je me demandais si j'allais le revoir un jour. Mais je n'arrivais pas à lui dire à quel point je l'aimais. Si nous avions pleuré, nous n'aurions jamais arrêté, je n'aurais jamais pu partir.

– Va, maintenant. Pars. Il est temps.

C'est tout juste s'il ne m'a pas mise à la porte lorsque j'embrassai ma mère et ma sœur. On a caché nos larmes. Et j'ai quitté Birmingham en serrant les dents – un peu comme toi.

La lecture de ce livre aux pages jaunies a labouré ma haine, a semé à la volée de jeunes pousses invisibles. Ce texte me révélait que la violence ne m'était pas prédestinée. Les maisons de Noirs dynamitées. Les passages à tabac, arrestations, insultes, pleurs de mères, pertes d'amis, les cris, les coups, les estomacs vides des copains à l'école, jusqu'à cette lecture, je les vivais comme une sorte de malédiction personnelle qui me suivrait toujours. Mais tu vois, ces brutalités avaient une explication, l'oppression d'un groupe par un autre, dans un unique but : le profit, le pouvoir. Une phrase en particulier m'est restée, elle disait à peu de chose près : "Un ordre social passé, une classe dirigeante, nous n'avons rien à perdre que nos chaînes et un monde à gagner. Prolétaires de tous les pays unissez-vous[1]." Les gens étaient

1. Le *Manifeste du parti communiste* de Karl Marx.

considérés comme des marchandises. Sur cette page, une porte de mon avenir s'ouvrait : la vision d'un monde dans lequel aucun homme ne pourrait se servir d'aucun autre humain comme d'une chose pour s'enrichir. Ni jamais le chasser de sa maison.

Ce livre est à toi aujourd'hui. Prends-le. Je te l'offre. Tu n'es pas obligé de le lire en entier, comme à l'école, tu peux picorer, prendre une phrase et laisser faire le temps. Écrire ce que tu sens dessus. Dormir à côté. Attendre qu'il t'appelle, t'intrigue à nouveau. Fais confiance à la force de notre mémoire et à celle des vieux livres tout griffonnés. Leur vie mystérieuse nous revient aux instants les plus inattendus.

1963, Paris

3. La France

Oui, je t'assure, la mémoire est une magicienne, elle possède ses accessoires, ses trucs que l'on ne choisit pas toujours. Tu peux fermer les yeux, retrouver l'odeur de ta terre, la couleur de ton arbre dans la cour, voir ta grand-mère t'attendre sous l'orage, à côté du chèvrefeuille, son grand parapluie noir ouvert, entendre la fontaine couler et même sentir tes petits doigts d'enfant serrer la main de géant de ton père.
Savais-tu qu'à Paris il y a des mouettes ? Je voudrais t'amener à la fête du muguet, le 1er mai, des brins dans chaque main, les petites clochettes blanches du jour non travaillé, te montrer

l'élégance de la place des Invalides, le charme du musée Rodin, son parc, le Grand Palais, le pont Alexandre-III si majestueux et Notre-Dame, avec ce cercle sur le parvis de la cathédrale où tous les points de la ville se rejoignent ; l'horloge de Desnos, à Saint-Michel, lieux secrets où les voix des poètes disparus se répondent la nuit venue. Cette ville est mélange, passages, métissage, toutes les modes, tous les genres sont possibles, toutes les nationalités s'assoient côte à côte dans le métro. Je voudrais te faire goûter un croissant au beurre avec un expresso bien serré, ou des parfums de glaces incroyables et t'emmener sur l'île de la Cité, le long des quais de Seine. Ou voir la panthère de Rilke au Jardin des Plantes[2] après avoir bu un thé à la menthe à la mosquée et dégusté des cornes de gazelles.

2. "Les barreaux passent et repassent : son regard
En est tellement las qu'il ne retient plus rien.
Il lui semble y avoir un millier de barreaux,
Et derrière ces mille barreaux : point de monde (...)"
Rainer Maria Rilke, *La Panthère du Jardin des Plantes.*

J'ai eu un vrai coup de cœur en découvrant Paris à dix-huit ans. Étudiante à la Sorbonne, je passais des heures dans la magnifique bibliothèque en bois, au plafond décoré de fresques. Je lisais, je dévorais Balzac, Merleau-Ponty... et Camus, ces dernières lignes : "Il faut imaginer Sisyphe heureux" ; cet homme que les dieux grecs avaient condamné pour l'éternité à remonter son rocher jusqu'au sommet d'une montagne du Tartare. Chaque fois que Sisyphe atteignait son but, la pierre retombait et il devait recommencer, et rebelote. Les dieux grecs ne plaisantaient pas ! Mais imagine que cet homme, avec son fardeau, réussisse à voir une fleur, le vol d'un aigle, et malgré sa peine, à trouver du bonheur dans ces petites choses. Du moins, c'est ainsi que je me le représentais... Je marchais de Saint-Germain à Belleville, à Barbès. La France c'était Liberté, Égalité, Fraternité. J'arrivais du sud des États-Unis, ville ségréguée, j'étais passée par le Nord, New York, Boston et... Paris !

J'étudiais la littérature. Je vivais alors dans une petite chambre de bonne, mes voisines étaient guadeloupéennes. Le soir on se retrouvait toutes entassées sur un lit. Elles m'avaient mise en garde : “Avec la tête que tu as, on va te prendre pour une Algérienne ! Fais gaffe !” J'étais venue chercher la liberté, j'y ai trouvé le lourd climat qui a suivi la guerre d'Algérie. Je me suis engagée pour l'indépendance, j'allais aux manifestations. La violence policière envers les Algériens battait son plein. Mais la solidarité internationale existait, plus forte encore. Paris m'a appris que la lutte pour la justice n'avait pas de frontières, comme la répression. La France n'est pas un conte de fées. Mais on a le droit de rêver quand on a tout perdu, tu en sais quelque chose. Tu arrives dans une drôle de période au pays de Voltaire et de Hugo, comme disait la chanson *Lily*[3]. Reprends ton souffle. Retrouve

3. *Lily*, chanson de Pierre Perret.

tes forces. Ferme les yeux, imagine Sisyphe heureux... à la pause quand il redescend. Tu rencontres un lieu étranger et inhumain. Tu peux te laisser aller à ta douleur, tu peux aussi choisir comme lui le mépris, la joie, le souvenir du bonheur. Tu seras supérieur au destin, tu trouveras la révolte, la liberté, la passion. La victoire de Sisyphe, juste une façon de te dire que la vie en vaut la peine.

16 septembre 1963, Biarritz

4. L'attentat

Le 16 septembre 1963, l'église baptiste de Birmingham de la 16e Rue fut plastiquée. Une bombe avait été placée dans le vestiaire des filles. Dans les infos, on citait quatre jeunes filles noires tuées, Caroline, Cynthia, Addie et Denise. Nos familles étaient très proches, c'étaient mes amies avec lesquelles je jouais enfant. Leurs corps avaient été déchiquetés, leurs vies fauchées. Un meurtre avec préméditation comme tant d'autres, plus spectaculaire, plus prompt à semer la panique et l'effroi. Car cette bombe laissait un message clair : la terreur, l'épouvante, l'horreur. Pour couper le souffle. Couper la tête aux idées d'égalité et à la ronde d'espoirs qui dansent derrière ces mots de joie.

Je participais alors au programme de français de troisième année du Hamilton College. Nous suivions les cours à Biarritz. J'appris la nouvelle au café après les classes, avec les autres étudiants. Douleur, rage remontèrent en moi. Je balbutiai quelques mots devant les gros titres :
– Caroline ! Cynthia ! Et...
Je ne pus finir ma phrase, je sentais de grosses larmes chaudes prêtes à débouler, ma bouche tremblait :
– Ce sont mes amies.
– Quelle horreur ! Quelle chose terrible ! dit une copine étudiante.
– Comment est-ce possible ? Quel acte insensé, barbare ! dit un autre.
Je ne pouvais pas exprimer ma fureur, ni que ce n'était pas un hasard, un événement insensé.

Je sortis précipitamment du café ; il valait mieux être seule avec cette peine-là.

L'impuissance, le chagrin. Je perdais tous mes moyens avec la colère, un sentiment de frustration, venu d'une injustice que je reconnaissais, je la connaissais trop. Elle revenait m'exploser en pleine figure, à Biarritz ! Cette drôle de ville blanche et propre qui ressemblait à un décor de théâtre. Il y avait le casino où j'imaginais les riches dépenser leur argent sans compter, avec légèreté, l'argent qui manque tant, celui que d'autres gagnent en un an, évaporé dans les volutes de fumée et de rires insouciants autour d'une table de jeu à laquelle trônent de beaux costumes et des chapeaux avec des légumes et des fleurs. Je n'avais pas à me justifier, à expliquer, je savais qu'ils ne pouvaient pas comprendre : cet "acte insensé", fruit de l'oppression raciste, était spectaculaire mais tellement routinier.

Ce jour-là, les mots me manquaient cruellement, ceux qui font de la douceur, du chaud au cœur, pour les déposer sur les débris des corps de mes amies. J'étais dans une colère noire, enragée, les mots-chiens aboyaient, ne savaient que mordre, faire mal, m'enfermer. Mais combien de temps la nuit de l'esclavage, de la ségrégation, allait-elle continuer sous d'autres formes ? À nous priver de parole, à déchiqueter des vies en lambeaux ?

La communauté noire endurait des rafles en permanence, la police raciste, les violences, lynchages, supplices et exécutions sommaires redoublaient. J'ai continué mes études et mes voyages mais je vivais très mal d'être loin du mouvement des droits civiques qui prenait de l'ampleur dans mon pays. Une vague de révolte se soulevait. Dès que ce fut possible, je suis rentrée aux États-Unis pour en être.

Je te dirai plus tard les raisons pour lesquelles je suis devenue la femme la plus recherchée des États-Unis. Crois-moi seulement sur parole : je n'ai jamais tué personne. J'ai juste soutenu un jeune homme, Jonathan, qui avait presque ton âge ; il avait vu son grand frère brisé et assassiné. Mais sa haine et ce que j'ai vraiment fait pour lui, je te les raconterai une autre fois. Aujourd'hui je voulais juste te parler de la peur, de la rage. J'étais comme toi, comme le nerf à vif d'une dent cariée. Puis un jour une amie, Margaret, m'a fait un cadeau, elle m'a arraché mon armure. Elle m'a rappelé ce qu'on ressent quand on est vivant. Pleurer. Ne pas s'isoler. Être en éveil.

"Tu n'es pas seule, ce que tu vis, je le ressens, et ce que d'autres sentent, tu le vis, nous formons un tout." C'est ce que j'ai reçu en m'engageant dans un premier groupe, Advance, dans lequel Margaret m'avait introduite. Il y avait tout à faire. Manifestations, sit-in, la lutte de libération des Noirs devait s'insérer dans le mouvement révolutionnaire dont le socialisme constituait l'horizon et l'espoir. Être ensemble, c'était résister à la peur, à la rage. En 1968, l'assassinat de Martin Luther King fut une onde de choc. Son rêve devait continuer à couler dans nos veines. Mais surtout, devenir réalité. Oui ça te barbe, la politique, je comprends bien. Je ne vais pas t'ennuyer plus, je voulais juste te dire que cet éveil a guidé mes pas et ma vie. Et sans lui, je ne serais plus là. Mon engagement, comme pour tant d'autres gens ordinaires devenus légendaires, consiste à faire savoir aux autres qu'ils ne sont pas seuls.

En 1968, mon doctorat en poche, je suis devenue enseignante à l'université de San Diego. J'ai adhéré au Che Lumumba Club, une section réservée aux Noirs du Parti communiste des États-Unis, et au Black Panther Party[4]. J'étais

4. Mouvement révolutionnaire afro-américain.

opposée au séparatisme, la méthode consistant à exacerber les antagonismes entre Noirs et Blancs. Je n'ai jamais cru en cette solution. Nixon menait alors sa campagne électorale sur les thèmes : la loi, l'ordre, la sécurité. Ça te rappelle quelque chose ? Il a pris ses fonctions en 1969, le 20 janvier. Le matin de son investiture, je me souviens du froid de l'hiver, il n'y avait pas pire gerçure pour nous.

Je m'étais engagée dans le comité de soutien aux Frères de Soledad, des prisonniers noirs américains accusés d'avoir tué un gardien en représailles de l'assassinat d'un de leurs codétenus. Et peu de temps après, j'ai été renvoyée de l'UCLA à Los Angeles, où j'étais prof. Parce que communiste, on voulait m'interdire d'enseigner. Chaque jour, je recevais des menaces de mort, des lettres d'insultes : "Zoulou, singe, retourne sur ton arbre en Afrique." J'ai acheté une arme pour protéger ma vie. Et je l'ai mise dans le tiroir de la table de nuit, comme mon père.

13 octobre 1970, motel Howard Johnson

5. La traque

La France n'est pas un conte de fées, tu l'as bien compris, pas plus que le rêve américain n'existe. Tu te dis que tu veux tout envoyer en l'air, que rien ne mène à rien. Tu existes ! Tu as de la valeur. Tu voudrais t'allonger ici pour ne plus jamais te relever. Je le sais parce que je le ressens, mais ne renonce pas. Comment je le sens ? Eh bien, la détresse que je lis dans tes yeux, je l'ai vécue, différemment, certes. Toi, tu es loin des visages, des paysages que tu aimes, chassé de ta maison, d'un endroit où tu as grandi, de ton enfance, d'un lieu que tu croyais éternel, et il l'est d'une certaine façon, notre enfance demeure intacte en nous. Moi, j'ai été pourchassée pendant des mois. Traquée. Le 7 août 1970, une prise d'otages a eu lieu, visant à libérer George Jackson[5], l'un des Frères de Soledad. Elle a mal tourné. Quatre personnes sont abattues par les gardes. J'étais en lien avec le jeune frère de George – je te parlerai de Jonathan plus tard. Nous avions uni nos révoltes. Je fus accusée par le FBI d'avoir organisé ce coup de force et inculpée pour complicité de meurtre. La chasse était ouverte.

"Angela Davis, l'une des criminelles les plus recherchées par le FBI, accusée de meurtre, de kidnapping et de conspiration. Attention, elle est probablement armée et dangereuse : si vous la voyez, ne tentez rien, contactez au plus vite le bureau du FBI." Et ma photo s'étala sur l'écran de télé. La femme la plus recherchée des États-Unis, c'était moi ! Je n'étais pas armée, puisque

5. Membre des Black Panthers condamné à la prison à l'âge de dix-huit ans pour un vol.

je m'étais enfuie en laissant ce fichu revolver dans ma table de nuit. J'étais en cavale depuis deux mois, cachée sous divers déguisements pour sauver ma peau. Je n'avais aucune chance devant la justice des États-Unis. Deux mois de clandestinité pour un crime que je n'avais pas commis m'avaient plongée dans une angoisse qui ne me laissait pas une seconde de répit. Mon enfance à Birmingham aurait dû me préparer. Mais vivre dans l'ombre avait ranimé une frayeur ancestrale. La bouche sèche, l'estomac noué, le cœur qui me sortait de la poitrine, des suées au moindre bruit, tout était passé au laser de la surveillance, le moindre détail devenait un potentiel danger. La peur au ventre, une bête prête à bondir à tout instant, une crainte permanente entretenue par des souvenirs bien réels, de frères et de sœurs battus, tués. La fuite me paraissait sans issue mais restait l'unique moyen d'échapper à la prison et à une mort quasi certaine. En Californie, le traitement réservé aux Noirs accusés de meurtre leur garantissait la chaise électrique. Lorsqu'ils avaient la chance de ne pas être exécutés lors de leur arrestation sous couvert d'"homicide justifié". C'était l'expression employée pour tirer sur des hommes et des femmes devenus proies en raison de la couleur de leur peau. Comme l'homme qui avait donné un coup de pied dans les poubelles devant une station-service, un soir, et reçu trois coups de carabine du patron mécontent : "légitime défense". Ou le jeune Gregory Clark menotté, les mains attachées dans le dos, battu à mort sur le trottoir et abattu d'une balle derrière la tête, parce que sa voiture ne correspondait pas à celle d'un Noir. Ses papiers étaient en règle, il n'avait pas bu, pas d'excès de vitesse : "homicide justifié". Ou encore, Leonard Deadwilder qui conduisait sa femme d'urgence à l'hôpital pour accoucher, arrêté pour excès de vitesse, abattu : "homicide justifié". Ou le petit Bobby Hutton, à qui les policiers avaient dit de s'en aller, de courir, il avait pris trois balles dans le dos : "légitime défense".

Je reprenais tristement le chemin de la clandestinité des ancêtres, les déplacements secrets, interdits, les gestes invisibles. Vivre en fugitive attisait un sentiment poisseux enfoui en moi et je refusais cette sensation : haïr. Je savais qu'elle m'éloignait du but que je m'étais fixé lorsque, à quatorze ans, j'avais quitté Birmingham.

"Angela Davis Most Wanted List." Ces lettres clignotaient dans ma tête comme celles des motels, pendant que le paysage défilait à travers la vitre de la voiture, projetant ses ombres et ses lumières blafardes. Continuer, rouler la nuit, dévisager les gens, débarquer dans des lieux improbables ou chez les amis chaleureux qui mettent en péril leur famille en m'hébergeant, repartir à l'aube après une nuit

d'insomnie, recommencer encore. Fuir comme une ombre. Trouver d'autres déguisements car le danger augmentait de jour en jour. Éviter les aéroports surveillés pour changer d'État. Faire la route en voiture. New York, Miami. Detroit. New York. Ne contacter personne pour ne pas se faire repérer. Gorge nouée. Mal au bide. Plus de ressources. Plus d'argent. Tenir. Combien de temps encore ?

Je connaissais trop l'enfer de la haine, elle te pétrit et te moule à l'image de celui que tu combats. J'étais sous pression, un câble à haute tension. C'est en lisant seule, puis en me joignant à une force collective que j'ai compris que la forme la plus perfide, la plus stratégique de l'intérêt des dirigeants se nichait dans l'exclusion. Notre emportement ! Voilà le déclic attendu pour nous condamner à la fatalité d'un destin qui mène à l'échec, au renvoi d'un lycée, à la résignation ou à la drogue, à l'asile, à la mort.

Il fallait orienter notre énergie ensemble, pour qu'elle ait un autre impact que celui de notre propre dévastation. Lorsque je me suis engagée pour militer, j'ai utilisé l'intensité du courant électrique qui me traversait, j'ai transféré mes deux mille volts à des actions communes, pour ne pas mourir électrocutée par ma colère.

En ce morne mois d'octobre 1970, dans la chambre du motel Howard Johnson au papier peint verdâtre et déchiré, je n'en menais pas large, tu peux me croire. Je croisais mon reflet dans le miroir, un maquillage ridicule, une perruque pour changer de figure : quel look ! Si tu m'avais vue ! Mais très vite le flux de pensées et d'incertitudes m'engloutit à nouveau. Fuir. Où irions-nous après ? Avec David, un camarade qui partageait mon sort de clandestine et m'aidait, nous avions déjà traversé deux États. Écumé tous les motels et toutes les maisons d'amis qui pouvaient nous donner un abri.

J'étais démoralisée.
La propagande du FBI multipliait à la télé et dans les journaux les déclarations me présentant comme une dangereuse criminelle.

Un soir, dans un quartier où je me faufilais en grelottant pour rejoindre ma planque, j'aperçus sur une porte un papier accroché où il était écrit : "Angela, tu es notre sœur, liberté pour Angela". Peu à peu, ces soutiens se mirent à apparaître : "Bienvenue dans ma maison, Angela". Quand je suis passée devant ce mur, que j'ai vu mon nom écrit en lettres énormes, j'ai commencé à comprendre que tous ces gens me considéraient comme un symbole contre l'oppression dans le monde entier. J'étais loin d'imaginer que j'allais devenir une icône, qu'un jour, tous les jeunes de ton âge afficheraient ma photo le poing levé en poster dans leur chambre, que les plus grands chanteurs me dédieraient une chanson, à moi. Ces mots m'allégèrent, me donnèrent la force de résister dans la durée : j'étais une image à démolir, le symbole de l'énergie que nous avions mise ensemble pour obtenir des droits. Je me devais de ne pas lâcher, de me ressaisir. Mais comment ? Où trouver la force ? Il faut continuer. Tu le comprends, toi.

Ce jour-là, le 13 octobre 1970, il faisait froid. Avec le camarade qui m'aidait dans ma cavale, nous sommes allés au ciné, lieu sombre, idéal pour se planquer. Je ne me souviens pas du film, juste de ces instants passés à guetter l'entrée et la porte de secours. Vers dix-huit heures, en sortant, un pressentiment m'assaille, la panique : nous allons être arrêtés ! "Vite ! Partir en courant. Calme-toi !" Je passe le porche d'entrée du motel. Dans l'ascenseur, un homme blanc, un policier ? L'homme descend au quatrième. Ouf ! Nous arrivons à notre étage. Rien. Il n'y avait rien ! Une journée comme les autres. Je respire. Fausse alerte. Le copain vérifie le couloir, avant d'ouvrir la porte numéro 27, notre planque. Je me dirige vers ma chambre, c'est alors qu'une main m'empoigne, des hommes apparaissent dans le couloir, des agents sortent de partout comme des cafards. Les armes se chargent. Vont-ils tirer ? Nous abattre ? Je ne bouge pas d'un pouce. Je ne réponds pas. Je regarde les canons des revolvers pointés sur nous. Je revois le corps de Jonathan, dix-sept ans, étendu dans son sang sur l'asphalte. Une voix dit : "Angela Davis ? Vous êtes Angela Davis ?" Je me garde bien de faire un seul geste, un seul petit mouvement leur donnerait l'occasion de m'abattre là, dans ce couloir du motel Howard Johnson pour "légitime défense". "Angela Davis ? Vous êtes Angela Davis ?" continue de questionner l'agent. Je ne sais pourquoi, alors que je devrais être accablée de désespoir, je me sens soulagée. Ça y est. Ils m'ont arrêtée. Tout est fini. "Angela Davis, c'est bien vous ?"

Je ne réponds pas. Je pense juste aux récits de ma grand-mère pendant que mes poignets sont menottés brutalement dans le dos. Et le visage de ma mère se penche sur moi, me murmure. Être digne. C'est tout. Rester digne. Je me souviens de chaque seconde. Mon bras endolori par les menottes serrées, la camionnette dans laquelle je monte, après avoir traversé une foule d'agents, de policiers, de chiens en laisse. Cela ne s'oublie pas. Tu vois, je peux comprendre un peu ce que tu ressens. "Tu ne dois pas oublier l'Histoire. Il faut connaître l'Histoire pour en être libre un jour", me disait souvent mon père. Il possédait une force de résistance inouïe, surhumaine. Et la même force est en toi. Crois-moi. Moïse bégayait. Cervantès était manchot. Rimbaud allait les poches trouées. Tous les grands hommes et les grandes femmes ont trébuché un jour. Tu es la personne la plus courageuse que je connaisse.

Octobre 1970, prison pour femmes de New York

6. La prison

Tu frappes les poings contre les murs, tu cognes. Tu fais mal. Tu ne sais plus parler. La nuit, tu cries dans tes cauchemars et personne ne répond. Rien ne t'apaise. Nous sommes tous enfermés quelque part, dans un corps, dans une famille, une cité, une histoire, dans un regard. Mais la prison est l'aboutissement logique de l'horlogerie d'un monde et de ses lois économiques. Te décrire la prison me coûte, c'est douloureux car c'est un peu la revivre. Il est plus facile pour avancer d'oublier, de tourner la page. Sauf qu'il existe des choses qu'il faut affronter pour s'en débarrasser. C'est perché sur les épaules du passé que ton regard éclaire l'avenir.

Sans procès, sans preuves, j'ai écopé de seize mois d'emprisonnement et j'ai été placée en détention provisoire au *Women's detention center*. Je n'ai pas envie de te dire ça en détail, tu as vécu suffisamment de choses dures à ton âge. Mais il faut que tu saches... Le premier jour, ce qui m'a frappée, c'est la répétition des rituels d'humiliation. La vérification de ton identité, empreintes, fouilles au corps et j'en passe, tu connais. La manière dont on dispose de toi. C'est une arme. Tu te fais voler ton temps, tes rêves, ton corps. Tu n'existes plus. Tout est mis en œuvre pour te réduire la pensée en bouillie. T'empêcher d'être en mesure de décider, de faire un choix sensé. Tu es impuissante et frustrée. C'est là que je compris dans ma chair ce que j'avais vécu au-dehors ; j'étais au cœur d'une toile d'araignée tissée par un système destiné à faire du profit. Les gens ne comptent pas, sauf en valeur de chiffres, tu vois ? J'entendais les pleurs, les râles derrière les barreaux, les cris. À quelques pas, la mort, la chambre à gaz, avec le cyanure jeté sous la chaise du prisonnier. Racisme, provocations, mensonges sont la routine. Le silence n'existe pas. Le fracas du métal résonne partout, ouvertures, fermetures ; les sons froids, réguliers, éviers, WC, les gestes violents en bruit de fond, l'acier. J'arrête là car je ne veux pas en rajouter à tes cauchemars. Je voulais juste que tu y réfléchisses : la prison révèle que le racisme est le pilier central qui soutient la société. Blancs. Noirs. Chicanos. Ku Klux Klan. Nazis. La haine raciale est encouragée. Un tourbillon dans lequel tu es happée très vite jusqu'à te faire broyer. L'administration pénitentiaire craint la pensée. C'est avec ta frustration et ta terreur que l'administration garde la maîtrise. Je n'étais pas certaine de pouvoir résister à une emprise d'une telle nature.

La prison pour femmes de New York était vieille, sinistre autant que crasseuse. On m'avait placée au 4B, le bloc des malades mentales. Les femmes ont toujours été envoyées à l'asile avec une facilité déconcertante. Ma cellule faisait un mètre et demi de large, avec des WC et un lavabo, aucune table, des cafards qui couraient sur le plateau de nourriture posé à même le sol. Je voyais flou car mes lunettes étaient cassées. Le moral en vrac. Le judas de la porte que j'entendais s'ouvrir et se fermer. Je ne dormis pas cette première nuit. J'entendais des hurlements d'une cellule voisine. Ma vie s'arrêtait là, dans cette minuscule cellule.

Le lendemain, le bruit métallique de la clé dans la serrure me fit sursauter. La gardienne m'annonçait une visite. Le matin, j'avais vu John, l'avocat que mon père avait envoyé. Entrevu entre deux gardes, David, l'un des camarades qui m'avaient aidée durant ma cavale. Ma visite de ce jour, c'était Margaret, mon amie. Elle avait rapporté avec elle nos rires. Je la serrai si fort que, en l'embrassant, la chaleur des jours passés tous ensemble m'est revenue d'un coup.

– Margaret ! Je suis tellement heureuse de te voir !
– On va s'en sortir, me dit-elle avec douceur et force.
Et durant vingt mois, elle fit tout pour cela. Ses visites quotidiennes m'aidèrent à tenir dans l'enfer du 4B. Depuis Birmingham, elle avait travaillé dur, était devenue avocate. Mariée avec un enfant, elle s'était installée à New York. C'était mon amie, j'en étais si fière. Je retournai dans ma cellule son sourire aux lèvres.

Jour après jour, je perdais le temps, les saisons, le silence. Je réclamais de pouvoir me laver quand je le souhaitais.
– Non, ce n'est pas l'heure de la douche, répondait la surveillante.
J'apprenais qu'en prison tout était très compliqué. Il y avait une heure et une inspection pour tout, la cigarette, la douche surveillée, le brossage des dents. Rien n'était autorisé dans la cellule, ni livre, ni papier et stylo, ni papier hygiénique, ni dessous, juste la tunique de

nuit. On distribuait des tranquillisants très forts à toutes les femmes, même à celles qui n'en avaient pas besoin. C'était un mur de sécurité érigé qui les assommait en leur ôtant tout désir de communiquer – un peu comme la drogue anesthésie nos jeunes dans les ghettos et les emprisonne dans l'addiction en les isolant. J'ai passé une semaine au 4B, un cauchemar peuplé de pauvres femmes perdues qui avaient atterri là. Margaret réussit à m'en sortir à force de réclamations et de combats acharnés. Je fus alors placée en isolement. Ils ne voulaient pas que je parle aux autres détenues : trop dangereuse, la parole. Être isolée ou enfermée à l'asile, quel choix !

Tu le sais, toi, malgré ton âge, parfois notre corps est capable d'exploits étonnants, il repousse les limites du rationnel. Parfois, il nous amène au bord de gouffres vertigineux bien au-delà des notions de vie et de mort. J'ai refusé l'isolement. J'ai entamé une grève de la faim. J'étais déterminée car dans mon droit. C'était la seule façon de me faire entendre. Ils enfreignaient la loi en me confinant à la solitude. Ne reste pas seul, crois-moi, c'est la loi de survie du monde animal et humain. Les premiers jours sont très durs, car manger est une joie. Une note de musique qui ponctue la routine de la journée. Alors être capable de ne plus manger ni boire, cela comporte le risque de mourir. Mais je n'avais rien à perdre, sauf mes droits et la parole. Tout se joue dans la tête. Tu commences à avoir des vertiges, mais c'est supportable, des nausées passagères, des douleurs. Une main invisible semble te serrer la gorge, les jambes sont ramollos, tu es vidée. Les couleurs s'altèrent, un tourbillon t'aspire, le moral plonge dans les chaussettes. Mais nous avons fini par gagner et mon isolement fut brisé.

Tu refuses de parler et je crois savoir pourquoi. Demander de l'aide, personne ne peut imaginer

combien c'est difficile. Ne pas pouvoir se payer un café. Manger. Rentrer chez soi. Plus de chez-soi. C'est ce qui m'a le plus coûté, demander de l'aide. Mais cette honte, mes amis, mes camarades l'avaient anticipée. J'ai eu la chance d'être entourée par une chaîne protectrice. Je n'aurais jamais tenu sinon. Comme je te l'ai déjà dit, mon amie Margaret venait tous les jours. Après la victoire de la grève de la faim, elle me dit ce jour-là, avant que je puisse rétorquer quoi que ce soit :
– L'argent est l'eau qui coule d'une main à l'autre, aujourd'hui dans la mienne, demain dans la tienne : accepte. Le partage est le sens de la vie. Tu auras sur le compte de la prison de quoi acheter ce qu'il te faut.
Je sortis de notre entrevue bouleversée, les larmes retenues, la gratitude dans le cœur. Sa générosité si rare m'avait ressuscitée. S'unir, c'était partager le peu que nous possédions. Aider celles ou ceux qui un jour n'ont plus rien. Toi tu sais ce que "rien" veut dire, mais pour

d'autres c'est difficile à imaginer, pas de nourriture, l'angoisse qui te ronge. La déprime qui te dévaste, l'estime qui te quitte. La misère, il faut la prendre à plusieurs pour la supporter. Il faut, autour de soi, une goutte d'eau, puis une autre petite goutte d'eau. Ça fait un ruisseau, l'humanité. Je suis redevable à tant d'amis, à des milliers de personnes dans le monde qui m'ont témoigné leur soutien. Sans eux, je ne serais plus. Goutte après goutte. Un ruisseau de loyauté, d'entraide. "C'est ça être communiste. À la vie !", disait Margaret.

Ouvre-toi. Force-toi à aller à la rencontre d'autres gens, ils t'aideront. Il existe des surprises dans la vie. Et toi aussi, tu aideras, un jour, tu seras un espoir pour d'autres.

Après la grève de la faim, ils voulaient me briser. J'étais épuisée nerveusement. Je traversais une période très dure de crises d'angoisse, de vertiges. L'enfermement me prenait à la gorge. Je devenais folle. J'étais happée par le vide. Dévastée. Une détenue s'était fracassé la tête contre les murs pour en finir. J'avais vu sa cellule ouverte en passant dans le couloir, en train d'être nettoyée, des taches de sang sur les murs – des explosions rouges. Je me réveillais fatiguée et triste. Je me couchais exténuée. Ici la captivité me tuait, dehors le monde me désespérait.

J'ai vu que tu griffonnais des mots sur un bout de papier, que tu écoutais ta musique, ton unique bien, ton trésor. Moi aussi, je me suis accrochée à un poème pour chasser l'image ensanglantée de la détresse. Le grand Jacques Prévert avait écrit pour moi. Les Rolling Stones chantaient *Sweet Black Angel*, John Lennon et Yoko, *Angela*. Tu n'imagines pas. Une chanson, pour moi ! Un vent frais en plein visage, un soleil murmuré, un paysage qui fissurait les murs de mon cachot et accrochait des étoiles au plafond, un ciel ouvert au cœur de ma nuit froide. Ces poèmes et chansons me ressuscitaient, je ne pouvais pas m'apitoyer sur mon sort : malgré moi, je représentais des millions de personnes qui me soutenaient désormais, en Inde, en Afrique, aux États-Unis. En France, cent mille personnes avaient manifesté à Paris pour obtenir ma libération : tu ne peux pas savoir ce que ça m'a fait de lire depuis ma cellule que ma sœur Lania se tenait aux côtés d'immenses intellectuels français, Jean Genet, Louis Aragon, Jean-Paul Sartre... Je devais continuer. Mais comment tenir ? Au cœur de la toile d'araignée tissée par un système qui encourageait la criminalité au lieu de la corriger. Cette nuit-là, je compris l'essentiel. Je me battrais toujours pour l'éveil des consciences : d'une perception lucide naît la force d'abolir l'oppression. La captivité est mentale, c'est la pire des emprises. Ne te laisse pas enfermer dans le regard des autres.

Ne deviens pas ce qu'ils veulent voir en toi. Toi aussi tu représentes des milliers de personnes.

Tu m'as dit que tu n'aimais pas les livres. L'accumulation des savoirs ne m'a jamais intéressée. Je n'ai jamais seulement étudié. J'ai toujours été engagée à côté. Je n'ai jamais conçu la pensée comme séparée du monde, cloisonnée. Impossible de l'envisager sans l'action. L'engagement et la philosophie sont liés comme les doigts de la main. Comme l'arc, la flèche et la cible. Le reste n'est que discours vide. Et les discours qui ne rejoignent pas les actes me dégoûtent, comme tu dis. Jamais la philosophie n'est étrangère à la vie.

La culture est un bouclier, une protection. Tu dois apprendre à penser par toi-même, pas sous influence, y compris de ceux que tu aimes le plus. La plus puissante de toutes les bombes est la nuance. L'intelligence est nuance.

Écoute, il y a en chacun de nous un tyran, un démon intérieur toujours prêt à surgir, à utiliser l'autre par intérêt, par goût du pouvoir. Ce n'est pas facile de faire ce constat en nous et de maintenir l'équilibre. Prendre, garder le meilleur pour soi, c'est normal. La bonté, la justice ne sont pas "normales", elles ne sont pas accessibles facilement, surtout lorsque l'on doit survivre et résister.

Je te dis ça car tu as fait courageusement une traversée incroyable, tu es seul, avec rien, assis sans force, vide. Mais tu n'es pas seul. Je suis là. La poésie, la philosophie m'ont sauvé la vie. C'est toi qui décides, c'est toi qui choisis. C'est toi qui as le pouvoir de ta vie. Mais s'il te plaît, retiens ça : la pire des prisons est mentale. La douleur existera toujours. La fuir, par une autre douleur que tu t'infliges seul, ne mène qu'à cette chute sans fin comme dans tes cauchemars. C'est la fatalité de l'exclusion que tu as intégrée au plus intime, au plus profond de toi – sans même le réaliser. Tu deviens ton propre bourreau.

Ne laisse pas la rancœur tuer ta douceur, dérober ton enfance.

27 mars 1972, tribunal de Californie

7. Le procès

Mon histoire touche presque à sa fin. Tu vas tout comprendre.

Deux ans s'étaient écoulés et le grand jour de mon procès était arrivé. Je craquais. J'étais vidée. C'est alors qu'une nouvelle extraordinaire tomba à l'instant où je coulais :

– Les Frères de Soledad ont été innocentés ! Ils sont acquittés ! hurla mon avocat Léo[6], en entrant dans le tribunal.

La salle explosa de joie. George Jackson n'était plus là pour vivre ça. Il se serait réjoui avec nous, car avec cette nouvelle, le procureur Harris devait

6. Il y avait toute une équipe juridique et une équipe de soutien.

changer sa stratégie : il décida donc de démontrer que j'avais comploté pour libérer George Jackson non pas pour des raisons politiques mais par passion amoureuse. J'étais une femme, donc irrationnelle, poussée par une passion dévorante, jusqu'au complot et au meurtre. J'écoutais Harris prendre la parole devant les jurés : son argumentaire était terriblement misogyne. J'avais déjà rencontré cette façon de penser chez ceux que je combattais mais aussi chez les camarades avec lesquels je luttais. Ce procureur me replongeait dans le machisme de mes compagnons de parti. À cette époque, j'avais déclaré à nos leaders en pleine réunion :

– Tant qu'il sera possible pour un homme noir de traiter une femme comme une domestique, aucune révolution, aucun changement ne pourra se faire.

Cela avait créé de très fortes tensions. Les hommes ne supportaient pas qu'une femme puisse diriger : ils considéraient qu'elle devait

se tenir derrière eux, un simple faire-valoir. Cette suprématie masculine m'indignait. Quel discours boiteux, quelle contradiction ! Comment espérer combattre l'injustice alors que ces hommes reproduisaient avec les femmes exactement cela même qu'ils condamnaient ?
La voix ennuyeuse du procureur continuait :
– L'accusation montrera que cette femme a agi par passion...
Le passé vint voiler son discours et me ramena à ce jour de 1968. C'était un matin, j'avais rencontré en faisant mes courses la femme du leader de notre parti. Il y avait des bleus et des marques sur son visage. Je m'étais approchée d'elle :
– Qu'est-ce qui vous est arrivé ? Qui a fait ça ? Un commerçant ? La police ?
Mais elle eut un mouvement d'hostilité que je ne compris pas tout de suite :
– Passe le bonjour au héros du peuple ! me répondit-elle avec ironie. Puis voyant mon incompréhension, elle poursuivit : Tu veux savoir

qui m'a fait ça ? Eh bien, c'est ton camarade, mon mari, le leader du parti. Et oui, il va falloir balayer devant ta porte avant de vouloir changer le monde ! Parce que les libérateurs du peuple, chez eux, ils sont pires que des esclavagistes !

J'étais sidérée :

– Mais comment est-ce possible ?

Elle me répondit :

– Sa frustration, le travail, l'humiliation, toute l'amertume, toute la violence, qui se les prend en pleine gueule le soir ? D'après toi ? Je travaille comme domestique dans une famille pour gagner mon argent et quand je rentre chez moi, je suis la servante du leader de la libération du peuple ! Et vas-y que je donne des ordres et j'attends qu'on me serve les pieds sous la table. Et que je râle, je me plains, je crie, je crache ma rancœur sur ma famille. Révolution de mes fesses, oui ! Je fais ma valise, j'emmène les mômes. Je n'ai pas bossé toute ma vie pour rentrer chez moi et trouver un maître ! Je suis libre. Ma grand-mère était esclave. Elle s'est enfuie. On l'a punie, fouettée jusqu'au sang. Mais je peux te dire qu'elle ne s'est jamais fait traiter comme une domestique chez elle !

Et elle est partie en poussant son caddie, dans lequel se trouvaient des guirlandes, des cotillons de fête pour un anniversaire. Avant de sortir, elle agita un fanion "Happy Birthday" et leva avec fierté le poing serré.

C'est après cette rencontre que je compris à quel point la classe sociale, la couleur de la peau, le genre étaient imbriqués, qu'il nous fallait les aborder conjointement. J'étais loin d'imaginer à vingt-cinq ans que j'aurais à mener une lutte acharnée dans mon propre camp, pour l'égalité des femmes. Ce fut sans doute le combat le plus terrible, car l'ennemi est ancré aux corps, au creux des gestes depuis des siècles. Une autre forme de servitude qui me révélait que notre révolution avançait en prenant appui sur une base bancale, en excluant les droits des femmes.

La voix du procureur me rapportait mon premier choc face à ces préjugés d'hommes. Je sentis à nouveau la colère me brûler la gorge mais je n'en montrai rien car je réalisai qu'Harris affûtait mes propres armes et celles mises au point par mes soutiens juridiques. Nous étions convenus, lors des réunions préparatoires, que je lirais moi-même la déclaration d'ouverture devant les jurés.

Le lendemain, mes notes en mains, lues et relues toute la nuit, je pris la parole devant le tribunal – j'attendais cet instant depuis deux ans. Je vais t'épargner mon discours car je veux en venir à Jonathan, tu sais, ce jeune de ton âge. Après avoir lu ma défense, j'étais épuisée. Je me repassais en boucle mes arguments, les réactions du jury, les expressions des visages. Avais-je dit ce qu'il fallait, au bon moment ? Pourraient-ils concevoir cette injustice ? La condamner ? Soudain, le moment où j'avais évoqué Jonathan me revint comme un échec : ma voix avait faibli, j'avais senti mes jambes trembler. Je n'avais pas su les convaincre. Mais comment raconter l'oppression et l'exclusion ? Il est temps que je t'explique vraiment, comme je l'ai expliqué au procès. Tu sais, Jonathan, eh bien il a été embarqué dans une sale histoire... cette prise d'otages en prison. Jonathan Jackson, à l'âge de sept ans, avait vu son frère aîné, George, disparaître derrière les barreaux d'une prison pour un banal vol. George y est resté durant dix années, puis une vie entière. Visite après visite à son grand frère, l'enfance de Jonathan lui a été volée, et ce qu'il a connu trop tôt de cette brûlure l'a marqué au fer rouge.

Jonathan, à dix-sept ans, a pris les armes dont il disposait pour libérer son frère. C'est là qu'arrive cette prise d'otages à la prison. Les gardes avaient pour ordre de tirer sur quiconque tentait de s'échapper. Et les gardes ont obéi et tiré sur les prisonniers comme sur les otages.

Parmi eux, le juge Haley. Jonathan y a laissé, le 7 août 1970, ses dix-sept ans de désillusion, de détresse, de colère. Son corps a été traîné par une corde sur l'asphalte. Son visage étendu dans une flaque de sang sur le parking ne m'a jamais quitté. J'aimais George, je prenais soin de son petit frère Jonathan durant sa détention, comme il me l'avait demandé. Autant que Jonathan veillait sur moi.

Lorsque le procès reprit et que les témoins comparurent, le procureur Harris utilisa tous les moyens pour faire passer mes camarades pour des brutes barbares, des terroristes, jusqu'au témoignage clé du sergent de la prison de San Quentin qui se trouvait en service lors de la prise d'otages. Léo, mon avocat, lui demanda :

– La politique de la prison était d'empêcher en priorité toute évasion ? Si des otages se trouvent là, des femmes, des enfants ou un juge, cela reste une priorité ? C'est exact ?

– Oui, monsieur, nous obéissons tous à cette priorité, répondit sans hésiter le sergent.
– La priorité est d'empêcher une évasion plutôt que de sauver des vies ? C'est à cela que vous obéissez ?
– Oui. C'est cela.

Le tribunal était plein, la salle grouillait de journalistes, de spectateurs. Dehors les cris "Libérez Angela" traversaient les murs et les frontières. Le procureur Harris reprit son accusation. Il lisait mes lettres intimes qui constituaient désormais son unique pièce à conviction contre moi. Je commençais à douter de ma victoire car la moindre phrase anodine était déformée pour réveiller préjugés et soupçons.

Les lettres que j'avais écrites à George sur son frère Jonathan me ramenèrent leur mort en pleine figure, sans que je puisse m'en protéger. Les voir jetées en pâture au public, c'était piétiner leurs corps. Le chagrin remontait. Je scrutais les regards des jurés pour y lire une réaction : “Coupable” ? “Innocente” ? J’avais tenu Birmingham, assuré les actions d’urgence au parti, résisté à mon renvoi de l’université, à la traque, j’avais supporté la prison, et l’évocation de mes amis disparus allait me détruire ? Ma tristesse allait ruiner des années de lutte et m’engloutir ? J’essayais de me reprendre, de ne pas laisser passer une larme, mais la peine me brûlait le cerveau. La digue cédait et mes deux fleuves sauvages débordaient à nouveau d’images du passé. La blessure ancienne se réveillait, me lançait, aspirait ma force comme un vampire.

Je tentais de garder une contenance pendant que les témoins défilaient.

Ma mère supportait mal d’assister aux audiences. Ça lui écorchait le cœur de me voir assise à cette place. Pour quitter l’Alabama et aller au lycée puis à l'université, elle avait dû être domestique. Elle avait tellement travaillé pour payer ses études et devenir institutrice dans une petite école. Femme et noire. Elle avait dû se battre. Elle était devenue militante. Elle m'avait toujours parlé avec calme comme à une adulte responsable : "Tu feras mieux la prochaine fois", disait-elle à chaque bêtise. Lorsque je regardais son visage au milieu du tribunal, sa voix coulait en moi, un ruisseau de joie charriait la confiance. Ses gestes, ses bras : une armure, une muraille d'amour et de bonté autour de moi.

Tu préfères te taire, garder ton fardeau en silence. Je peux le porter avec toi. Comme tu portes un peu le mien, désormais.

L'attente de la décision du jury fut pénible, insupportable. Puis le 4 juin 1972, le verdict est tombé : "Non coupable". Libre ! Des larmes de joie, enfin lâchées ! Des cris, amis, famille, inconnus, une foule s'embrase d'un même cœur, un même bonheur éclaire les visages.

Plus tard, je mâchouille un brin d'herbe, allongée sous un arbre, j'observe ses branches embrasser le ciel. Une brise légère agite ses larges feuilles comme des doigts de danseuse. Je sens le soleil, la chaleur sur mes paupières entrouvertes, l'odeur de la terre. J'entends nos cœurs battre. Nous avons sorti le tuyau d'arrosage dans le jardin et, sur l'arc-en-ciel qui s'est dessiné à travers les gouttes, me sont apparus les visages de mes amis perdus, ils se sont envolés en nuée de fraîcheur. L'eau emporte ma douleur, toute la peur coule là avec nos éclats de rire – une source claire, vive, nous dansons d'ivresse. Dans la maison, mes camarades ont même fait un feu de cheminée en plein été ! Pour faire griller des marshmallows au bout d'un bâton de noisetier.

Je respire. La paix enfin. L'insouciance. C'est cet instant léger que je voulais te faire partager. Il viendra pour toi. Sois-en sûr.

On ne peut pas vivre le dos courbé, la tête baissée au point de ne voir plus que ses genoux. Moi, j'ai soixante-dix ans, je ne serai plus là un jour, mais toi, tu seras là pour d'autres, pour les aider, pour bâtir un avenir, tu représenteras un espoir pour une fille ou un inconnu recroquevillé au bord du chemin, terrassé par sa douleur. Ne t'excuse pas des faiblesses qui te traversent. Les coups qui t'ont mis à terre hier t'enverront loin devant demain. Tes blessures encore ouvertes te mèneront droit et fort. Partager une émotion fait paraître le monde moins arbitraire, nous lie les uns aux autres – le courant passe, tu te souviens ?
Tu veux que je t'avoue ? La peur, je crois, ne disparaît pas. On l'apprivoise, c'est tout, avec dignité. Même quand je prenais la parole en

public, le poing levé, le monde entier derrière moi, j'avais peur, mes jambes tremblaient. Mais j'étais ensemble.

EUX
AUSSI,
ILS ONT DIT
NON

Une idole, une icône. Si Angela Davis n'avait pas prévu une telle destinée, elle l'assume fièrement, poursuivant aujourd'hui sans relâche ses combats contre toutes les oppressions raciale, sexiste... Les combats militants de cette grande dame de la contestation n'ont cessé d'essaimer.

LA GRANDE TRADITION DE LA CHANSON POPULAIRE ET DES MOUVEMENTS DES DROITS CIVIQUES

En 1962, le jeune Bob Dylan, un musicien de vingt ans, alors inconnu, griffonne quelques notes sur un coin de table de café, suite à une discussion politique entre amis. Bob tient sa chanson : *Blowin' in the Wind* ! Le soir, il va écouter Gil Turner qui se produit sur scène dans un café-concert. À la pause, Gil Turner rejoint la table de Bob. Intrigué, il l'écoute jouer sa dernière trouvaille et lui demande alors de lui apprendre les accords, puis il retourne sur la scène où il annonce : “Mesdames et messieurs, j'aimerais vous chanter maintenant une chanson de l'un de nos meilleurs auteurs-compositeurs. L'encre n'est même pas sèche !” Après que

Turner l'a interprétée, le public l'ovationne : la chanson est un succès ! Inspirée d'un air traditionnel des esclaves noirs, elle est reprise de nombreuses fois dans le monde entier. Elle inspirera également de nombreuses chansons de liberté au nord des États-Unis.

Deux années auparavant, en décembre 1960, malgré le froid de l'hiver, le jeune Dylan, encore un gamin aux allures de vagabond, est bien décidé à aller à la rencontre de son idole, Woody Guthrie, hospitalisé pour la maladie qui l'emportera en octobre 1967. À son chevet et au fil de ses visites, les deux hommes sympathisent. Woody Guthrie est le porte-parole des plus démunis, considéré comme le fer de lance de la chanson folk contestataire. Il a commencé dans la rue. Puis, poussé par la crise comme de nombreux ouvriers précaires chassés par la faim de l'Oklahoma, travailleurs si bien décrits dans le roman de Steinbeck *Les Raisins de la colère*, il part vite pour la Californie. Il s'engage très jeune dans l'action politique et s'installe alors au cœur des luttes sociales, s'opposant avec sa guitare et ses chansons aux milices des entreprises fruitières ou aux policiers de l'État de Californie. Sur sa guitare, il a écrit : "Cette machine tue les fascistes." Il a pu transmettre le flambeau de la chanson engagée à beaucoup de jeunes musiciens, dont Bruce Springsteen, surnommé "the Boss", qui participe avec Neil Young au mouvement anti-guerre en Irak dans les années 2000 et apporte son soutien à Barack Obama en 2008.

UNE VOIX AU SERVICE DE LA RÉVOLTE : "LA RÉPONSE, MON AMI, EST SOUFFLÉE PAR LE VENT"

Blowin' in the Wind est reprise par la célèbre Joan Baez, la reine du folk dans les années 1960-1970, surnommée "la madone des pauvres gens", elle qui fait connaître Bob Dylan au grand public. Elle chante du folk, s'inspirant de ballades anglo-irlandaises ou du gospel. L'un de ses titres célèbres est *Here's to You*, un hommage aux deux anarchistes d'origine italienne, Nicola Sacco et Bartolomeo Vanzetti, qui furent victimes d'un scandale judiciaire survenu aux États-Unis dans les années 1920, connu sous le nom d'affaire Sacco et Vanzetti. Comme celle d'Angela, la vie de Joan Baez est jalonnée de nombreux engagements en faveur de mouvements sociaux et d'organisations humanitaires. Le 28 août 1963, Joan Baez et Bob Dylan, en tant que pacifistes, participent à la Marche sur Washington pour le travail et la liberté, où plus de deux cent mille personnes se rassemblent pour dénoncer l'inégalité des droits civiques que subit la population noire. Martin Luther King y prononce son célèbre discours *"I have a dream"*. Joan Baez y chante *We Shall Overcome* (Nous triompherons), qui devient l'hymne du mouvement des droits civiques. La chanteuse participe à de nombreuses marches anti-guerre et à des actions de protestation. Elle est arrêtée deux fois en 1967. Elle passe un mois en prison. Elle a, à plusieurs reprises, des ennuis avec la justice pour son refus de payer l'impôt militaire.

UNE SIMPLE CHANSON PEUT CHANGER LE COURS DE L'HISTOIRE

Les chansons ont toujours eu un rôle décisif et une forte influence sur la vie politique internationale : Boris Vian écrivit *Le Déserteur* alors que la France s'engageait dans la guerre d'Algérie en 1954. Sa diffusion fut interdite. John Lennon écrivit *Give Peace a Chance*, en 1969, véritable hymne pacifiste chanté dans le monde entier et repris dans les manifestations. Le reggae de Bob Marley *Get Up, Stand Up*, en 1973, incite à défendre ses droits et à promouvoir la paix. Et même le tube léger des années 1983 de Righeira, *Vamos a la playa*, sur lequel une génération a dansé, eh bien cette chanson raconte les dégâts d'une explosion atomique en pleine mer. Les jeunes générations font entendre leurs voix par le rap notamment. Le hip-hop, celui de Kendrick Lamar en 2015, rend hommage à Kunta Kinte, esclave africain rebelle du XVIIIe siècle. Le slam fait voltiger les mots, il est aujourd'hui arme de paix. Grand Corps

Malade, auteur-compositeur, clame "vivons le temps présent". Il vient du Blanc-Mesnil, vit à Saint-Denis, en banlieue parisienne, se dit un artiste concerné. Sa poésie fait rimer manque de moyens de l'Éducation nationale avec réalités sociales.
Aranya Johar, poétesse, slameuse, à dix-huit ans, avec audace et talent met le feu aux préjugés, dénonce la violence sexiste qui frappe les femmes dans la société indienne (viol conjugal, viol collectif, harcèlement de rue, attaque à l'acide). Ses poésies viennent du cœur et chantent le désir d'être libre, de marcher dans la rue et de ne pas être la prochaine *India's daughter*, nom issu de la tragique histoire de Jyoti Singh, une étudiante victime d'un viol collectif dans un bus à New Delhi, morte dix jours plus tard à la suite de ses blessures atroces. Aranya Johar, une voix qui compte, révélée grâce à internet avec son dernier slam.

DES DROITS FRAGILES : LA MARCHE DES FEMMES EN 2017

Le samedi 21 janvier 2017, au lendemain de l'investiture du nouveau président des États-Unis, Donald Trump, six cents rassemblements ont lieu dans le monde. La Marche des femmes a rendu visibles celles et ceux qui s'opposent à ses idées misogynes et racistes. Parmi les millions de manifestant-e-s, la militante féministe

Angela Davis prend la parole à Washington : "Aucun être humain n'est illégal", déclare-t-elle suite aux premières mesures prises par le nouveau président concernant les migrants et à ses projets sur la remise en cause du droit à l'avortement, à la destruction de la loi sur la santé mise en place par son prédécesseur le président Obama. Ces droits ont été acquis grâce à de longues luttes, on n'efface pas l'Histoire, certains le voudraient pourtant. Dire non à l'oppression, c'est refuser l'oubli de l'Histoire, veiller aux valeurs de respect de la vie, de la dignité humaine et refuser la destruction de notre environnement.

POUR ALLER PLUS LOIN

À lire :

Romans :

• Elsa Solal, *Leonard Peltier : Non au massacre du peuple indien* (Actes Sud Junior, coll. “Ceux qui ont dit non”, 2017).
• Annelise Heurtier, *Sweet Sixteen* (Casterman, 2014).
• Nimrod, *Rosa Parks : Non à la discrimination raciale* (Actes Sud Junior, coll. “Ceux qui ont dit non”, 2014).
• Christopher Paul Curtis, *Voyage à Birmingham, 1963*, traduit par F. Pressmann (L’École des loisirs, coll. “Médium”, 1997).

Documentaires :

• Howard Zinn, *Une histoire populaire des États-Unis pour les ados*, adapté par Rebecca Stefoff, traduit par Diniz Galhos (Au Diable Vauvert, 2 vol., 2010).

BD :

• John Lewis, Andrew Aydin (scénario), Nate Powell (illustrations), *Wake up America*, série en 3 tomes (Rue de Sèvres, 2014).
• Jean-Michel Billioud (scénario), Judith Gueyfier (illustrations), *Martin Luther King : sa vie, ses combats, ses paroles* (Bayard Jeunesse, coll. “Libre de croire”, 2012).

Poésie :

• Angela Davis, *Life's Funny Ways*, paru en 2013 en anglais (format ePub, Xlibris, 2013). http://www.fnac.com/livre-numerique/a5730973/Angela-Davis-Life-s-Funny-Ways#

Et pour les adultes :

• Angela Davis, *Une lutte sans trêve*, traduit par Frédérique Popet, textes réunis par Frank Barat, recueil d'entretiens et de textes inédits (La Fabrique, 2016).
• Angela Davis, *La prison est-elle obsolète ?*, traduit par Nathalie Peronny (Au Diable Vauvert, 2014).
• Angela Davis, *Autobiographie*, traduit par Cathy Bernheim (Aden, 2013).
• Angela Davis, *Femmes, race et classe*, traduit par Dominique Taffin-Jouhaud et le Collectif des Femmes (Des Femmes-Antoinette Fouque, 1983).
• Angela Davis et Bettina Aptheker (sélection et présentation des textes), *S'ils frappent à la porte à l'aube*, traduit par René Baldy (Gallimard, coll. "Témoins", 1972).

À voir :

- *Angela Davis : portrait d'une révolutionnaire* (titre original : *Angela, Portrait of a Revolutionary*), Yolande Du Luart, 1971.
- *Free Angela and All Political Prisoners*, Shola Lynch, 2013.

À écouter :

- *Sweet Black Angel*, The Rolling Stones (album *Exile on Main St*, 1972).
- *Complainte pour Angela Davis*, Francesca Solleville (album *Francesca Solleville chante la violence et l'espoir*, 1972).
- *Angela*, John Lennon et Yoko Ono (album *Some Time in New York City*, 1972).
- *Lily*, Pierre Perret (album *Lily*, 1977).
- *Petite Angèle*, Daniel Balavoine (album *Sauver l'amour*, 1985).
- Juliette la cite parmi ses modèles dans sa chanson *Rimes féminines* (album *Rimes féminines*, 1996).
- *Angela*, Yannick Noah (album *Frontières*, 2010).
- *Angela Davis*, Winston McAnuff (album *A Bang*, avec le Bazbaz Orchestra).

À regarder :

- *Balises pour Angela Davis*, de Ladislas Kinjo, 1971.
- Angela Davis est le sujet d'œuvres graphiques de Shepard Fairey (Obey Giant).

À consulter :

- Le discours d'Angela Davis lors de la Marche des femmes du 21 janvier 2017, traduit en francais : http://www.humanite.fr/videos/le-discours-de-resistance-anti-trump-dangela-davis-sous-titres-en-francais-631102
https://blogs.mediapart.fr/cyril-molesini/blog/290117/le-discours-de-resistance-dangela-davis

- *India's Daughter*, autour du documentaire de Leslee Udwin :
http://www.francetvinfo.fr/monde/asie/india-s-daughter-le-documentaire-qui-montre-les-violeurs-sans-remords-d-une-etudiante-indienne_838837.html

CHRONOLOGIE

- **1944 :** Née le 26 janvier 1944, à Birmingham, État de l'Alabama, dont les lois imposaient la ségrégation raciale et où le Ku Klux Klan sévissait.

- **1958 :** À 14 ans, elle obtient une bourse pour étudier à l'Elisabeth Irwin High School de New York, où existe un programme d'aide aux élèves noirs du Sud. Angela s'engage aux Jeunesses communistes.

- **1962 :** Après l'obtention d'une bourse, elle effectue plusieurs séjours en France et en Allemagne pour étudier la philosophie. Elle y rencontre le philosophe Herbert Marcuse, qui dirigera sa thèse, et Theodor Adorno.

- **1968 :** Doctorat en poche, Angela Davis devient enseignante à l'université de San Diego, puis à l'UCLA en Californie.

- **1969 :** Son activisme politique lui vaut d'être renvoyée de l'université.

- **1970 :** Le 7 août 1970, une prise d'otages dans une prison, visant à libérer George Jackson, un des "Frères de Soledad", membre des Black Panthers, tourne mal.

Angela est accusée par le FBI d'avoir organisé ce coup de force et est inculpée pour complicité. Elle devient la troisième femme de l'Histoire à être inscrite sur la liste des personnes les plus recherchées par le FBI.

• **1970 :** Après des mois de cavale, elle est arrêtée le 13 octobre 1970 et emprisonnée sans procès. L'opinion publique internationale se mobilise pour la soutenir.

• **1972 :** Angela Davis est acquittée le 4 juin 1972 de toutes les charges qui pèsent contre elle par un jury composé uniquement de Blancs.

• **1980 et 1984 :** Elle se présente comme candidate à la vice-présidence aux élections présidentielles américaines. Elle est actuellement professeure d'histoire de la prise de conscience à l'université de Californie, Santa Cruz. Aujourd'hui, Angela, à plus de soixante-dix ans, continue à lutter, à s'indigner et à encourager l'esprit critique.

L'AUTRICE

Elsa Solal est une femme de combat. Celui des femmes, celui des minorités, et plus largement celui de tous ceux qui subissent injustice et discriminations. C'est ainsi, qu'elle écrive du théâtre, une nouvelle ou une fiction, sa plume porte en elle l'encre de la révolte. Voilà pourquoi, depuis bien longtemps Angela Davis est l'une de ses figures tutélaires. Pour ce roman, elle a emboîté avec passion chaque morceau du puzzle de la vie d'Angela pour faire découvrir cette grande figure insoumise, dont le combat est chaque jour plus brûlant d'actualité.

DE LA MÊME AUTRICE

Jeunesse :

• *Il était une fois le monde*, avec M. Kacimi (Dapper, 2001).
• *Non à l'individualisme*, ouvrage collectif, (coll. "Ceux qui ont dit non", Actes Sud junior, 2011).
• *Non à l'indifférence*, ouvrage collectif, (coll. "Ceux qui ont dit non", Actes Sud junior, 2013).
• *Olympe de Gouges, non à la discrimination des femmes* (coll. "Ceux qui ont dit non", Actes Sud junior, 2014).
• *Non à l'intolérance*, ouvrage collectif, (coll. "Ceux qui ont dit non", Actes Sud junior, 2015).
• *Leonard Peltier : Non au massacre du peuple indien* (coll. "Ceux qui ont dit non", Actes Sud Junior, 2017).

Théâtre :

• *Armor* (Lansman, 1996).
• *Dis la vie comment ça marche-Peurs* (Les Cahiers de l'Égaré, 1999).
• *Démons aux Anges* (Les Solitaires Intempestifs, 2001).
• *L'Autre Guerre* (Syllepse, 2003).
• *Fragments d'humanités. Le manifeste des 343 s.* (Lansman, 2005).
• *Olympe de Gouges* (Lansman, 2007).
• *Les Gardiens du rêve* (Les Cahiers de l'apostrophe, 2007).
• *Le bruit du monde m'est rentré par l'oreille* (L'Harmattan, 2008).

• *Celle qui venait d'ailleurs*, d'après la vie d'Hannah Arendt. L'auteur a reçu le soutien du CNL en 2007 pour l'écriture (Les Cahiers de l'Égaré, 2012).
• *Marilyn après tout*, recueil collectif (Les Cahiers de l'Égaré, 2012).
• *Battements d'ailes. Clichés Féminins/Masculins aujourd'hui*, avec D. Loiseau (Les Cahiers de l'Égaré, 2015).

Créations radiophoniques :

Diffusion France Culture :
• *Médée*, réalisation Blandine Masson, 1996.
• *Le Petit Chaperon rouge et le bon Dieu*, réalisation Myron Meerson, 2002.
• *Le Monde à l'envers*, 2002.
• *Armor'Kids*, réalisation William Mesguisch, 2005.
• *Méduse ou le Visage de la peur*, réalisation Jacques Taroni, 2007.
• *Le Maître du temps*, réalisation Jean-Matthieu Zahnd, 2010.

Scénarios télévision :

TVR production diffusion TF1 :
• *L'Ami*, TF1, 1991.
• *Bleu italien*, TF1, 1992.
• *Flamenco rock*, TF1, 1993.
• *Désir*, TF1, 1994.
• *La Preuve d'amour*, TF1, 1995.
• *Pas de Noël pour Sarah Lou*, TF1, 1996.

DANS LA MÊME COLLECTION

Abd el-Kader :
"Non à la colonisation"
(nouvelle édition)
Kebir-Mustapha Ammi

Mordechaï Anielewicz :
"Non au désespoir"
(nouvelle édition)
Rachel Hausfater

Lucie Aubrac :
"Non au nazisme"
(nouvelle édition)
Maria Poblete

Joan Baez :
"Non à l'injustice"
Murielle Szac

Hubert Beuve-Méry :
"Non à la désinformation"
Frédéric Ploquin

Général de Bollardière :
"Non à la torture"
(nouvelle édition)
Jessie Magana

Aimé Césaire :
"Non à l'humiliation"
(nouvelle édition)
Nimrod

Gustave Courbet :
"Non au conformisme"
Bruno Doucey, Maria Poblete,
Elsa Solal, Murielle Szac

Marie Curie :
"Non au découragement"
Élisabeth Motsch

Denis Diderot :
"Non à l'ignorance"
Raphaël Jerusalmy

Marie Durand :
"Non à l'intolérance
religieuse"
(nouvelle édition)
Ysabelle Lacamp

Célestin Freinet :
"Non à l'ennui à l'école"
Maria Poblete

Gandhi :
"Non à la violence"
(nouvelle édition)
Chantal Portillo

Federico García Lorca :
"Non au franquisme"
(nouvelle édition)
Bruno Doucey

Emma Goldman :
"Non à la soumission"
Jeanine Baude

Olympe de Gouges :
"Non à la discrimination
des femmes"
(nouvelle édition)
Elsa Solal

Gisèle Halimi :
"Non au viol"
Jessie Magana

Victor Hugo :
"Non à la peine de mort"
(nouvelle édition)
Murielle Szac

Victor Jara :
"Non à la dictature"
(nouvelle édition)
Bruno Doucey

Jean Jaurès :
"Non à la guerre"
(nouvelle édition)
Didier Daeninckx

Janusz Korczak :
"Non au mépris de l'enfance"
(nouvelle édition)
Isabelle Collombat

Primo Levi :
"Non à l'oubli"
Daniele Aristarco
et Stéphanie Vailati

Rosa Luxemburg :
"Non aux frontières"
Anne Blanchard

Nelson Mandela :
"Non à l'apartheid"
(nouvelle édition)
Véronique Tadjo

Lounès Matoub :
"Non aux fous de Dieu"
Bruno Doucey

Chico Mendes :
"Non à la déforestation"
(nouvelle édition)
Isabelle Collombat

Louise Michel :
"Non à l'exploitation"
(nouvelle édition)
Gérard Dhôtel

Harvey Milk :
"Non à l'homophobie"
(nouvelle édition)
Safia Amor

Gabriel Mouesca :
"Non à la violence carcérale"
(nouvelle édition)
Caroline Glorion

Rosa Parks :
"Non à la discrimination raciale"
(nouvelle édition)
Nimrod

Leonard Peltier :
"Non au massacre
du peuple indien"
(nouvelle édition)
Elsa Solal

Anna Politkovskaïa :
"Non à la peur"
(nouvelle édition)
Dominique Conil

Jacques Prévert :
"Non à l'ordre établi"
Murielle Szac

George Sand :
"Non aux préjugés"
Ysabelle Lacamp

Victor Schoelcher :
"Non à l'esclavage"
(nouvelle édition)
Gérard Dhôtel

Sophie Scholl :
"Non à la lâcheté"
(nouvelle édition)
Jean-Claude Mourlevat

Simone Veil :
"Non aux avortements
clandestins"
(nouvelle édition)
Maria Poblete

Joseph Wresinski :
"Non à la misère"
(nouvelle édition)
Caroline Glorion

Émile Zola :
"Non à l'erreur judiciaire"
(nouvelle édition)
Murielle Szac

Non à l'indifférence (nouvelles)
Gérard Dhôtel, Jessie Magana,
Nimrod, Maria Poblete, Elsa Solal,
Murielle Szac

Non à l'individualisme (nouvelles)
Gérard Dhôtel, Bruno Doucey,
Nimrod, Maria Poblete, Elsa Solal,
Murielle Szac

Non à l'intolérance (nouvelles)
Gérard Dhôtel, Bruno Doucey,
Nimrod, Maria Poblete, Elsa Solal,
Murielle Szac

Reproduit et achevé d'imprimer en mars 2020 par l'imprimerie
Normandie Roto Impression s.a.s. à Lonrai pour le compte des éditions
ACTES SUD, Le Méjan, Place Nina-Berberova, 13200 Arles.

Dépôt légal - 1re édition : septembre 2017 - N° impr. : 2001258
(Imprimé en France)